CHRISTIAN CHERFILS

Auguste Comte au Panthéon

Puisqu'il y a un Panthéon, là est la place d'Auguste Comte.

PARIS

LIBRAIRIE LÉON VANIER, ÉDITEUR

A. MESSEIN, Succr

19, QUAI SAINT-MICHEL, 19

MCMX

Auguste Comte au Panthéon

CHRISTIAN CHERFILS

Auguste Comte au Panthéon

Puisqu'il y a un Panthéon, là
est la place d'Auguste Comte.

PARIS
LIBRAIRIE LÉON VANIER, ÉDITEUR
A. MESSEIN, Succr
19, QUAI SAINT-MICHEL, 19

MCMX

Auguste Comte au Panthéon

AUGUSTE COMTE ET LA DÉMOCRATIE

Le principal reproche adressé à notre démocratie, tant en France qu'à l'étranger, c'est de manquer d'idéal.

Le grief est-il fondé ? Est-il vrai que l'élan intellectuel et moral de la nation se soit ralenti ? Nous ne le pensons pas.

Où trouver, dans le dernier quart de siècle, pays qui ait fourni plus de héros, de savants et d'inventeurs que la France ?

En ce qui regarde les réformateurs sociaux, la mesure de leur influence est sans analogue : elle veut les siècles. Dira-t-on cependant que Saint-Simon et Fourrier n'ont pas, pour une très large part déjà, modifié notre mentalité ? Le peuple ne lira jamais leurs ouvrages ; il s'assimile néanmoins leurs aspirations générales.

L'action d'Auguste Comte s'affirme particulièrement décisive. Dès maintenant cette action, directe ou médiate, se fait sentir un peu partout, en Europe comme au delà des mers. La devise positiviste, expressément choisie, est devenue celle d'un grand peuple (1). Positiviste est, dès son origine, l'évolution de la jeune Turquie (2).

*
* *

En résolvant avec rigueur les problèmes que Saint-Simon avait abordés empiriquement,

(1) Le Brésil : « La formule : *Ordre de Progrès* que vous lisez sur notre drapeau nous la devons à Auguste Comte, j'allais dire à notre Auguste Comte, car s'il appartient à la France par son berceau il appartient à l'humanité tout entière par la profondeur de son génie et par sa grandeur intellectuelle et morale ». Discours prononcé par M. G. de Piza, ministre du Brésil à Paris (Paris, imp. centrale de la Bourse, 117, rue Réaumur, 1906, p. 4, Voy. du même : Discours prononcé le 19 février 1907, imp. centrale de la Bourse (notamment p. 12.) Cfr. E Carra, appréciation générale du Positiviste, *in Revue Occidentale* du 13 mai 1898 ; Frédéric Harrison, Auguste Comte en Amérique, *in Revue Occidentale* de novembre 1902 ; du même ; Realities and ideals, Londres, Macmillan et Cᵒ, 1908.

(2) Sur Ahmed Riza voy. la *Revue Positiviste Internationale* d'avril 1909, p. 270 et s.

Comte a fondé une science nouvelle : la *socio-logie.*

La *méthode* de cette science permet de relier entre eux, sans les altérer, les faits expérimen-taux au seul principe permanent — la notion d'Humanité. — Cette méthode, Auguste Comte l'a le premier définie et appliquée, laissant à ses successeurs le soin de rectifier d'innom-brables points de détail.

Quant au *but* même de la sociologie, il l'a mar-qué avec une précision qui défie toute critique : étendre à la réforme des mœurs le bienfait des découvertes scientifiques et, de la sorte, régir, selon une éthique supérieure et *progressive*, fon-dée sur le principe affectif, les rapports nou-veaux des hommes et des peuples.

Auguste Comte a fait mieux encore que de fonder une science. Cette science d'analyse et de synthèse alternatives, unissant, comme telle, l'aridité la plus désespérante à l'abstraction la plus monotone, il l'a animée de son souffle et de sa flamme.

Auguste Comte nous apparaît — et nous sommes légion, — comme le professeur d'idéal de la démocratie.

C'est il nous semble, à ce double titre, —

comme fondateur de la sociologie et comme apôtre de l'humanité — qu'il convient de glorifier cette grande figure, si grande, peut-on dire, qu'il en est d'égales sans doute, mais qu'il n'en est pas de plus grande.

*
* *

Entrer ici dans le détail, même approché, de la doctrine philosophique, sociale et religieuse d'Auguste Comte est impossible.

Prenons simplement quelques exemples parmi les plus actuels — les questions de l'éducation, du paupérisme et de la guerre.

II

QUELQUES IDÉES D'AUGUSTE COMTE SUR
L'INSTRUCTION ET L'ÉDUCATION

L'instruction n'est rien sans l'éducation. Celle-ci constitue le premier des arts, le seul qui s'affirme pleinement général et qui perfectionne l'action en améliorant l'agent.

L'éducation positiviste tend à instituer l'unité réelle, en appelant chacun de nous à vivre pour autrui. Elle est surtout morale, tout intellectuelle qu'elle soit aussi, parce que son premier ressort demeure le dévouement, l'*altruisme*. Fondée sur l'existence des penchants sympathiques, elle leur subordonne les instincts personnels à l'âge même où ces instincts sont aisément contenus par la moindre activité de l'individu.

L'éducation n'est autre chose qu'une adapta-

tion progresssive de l'homme à sa pleine destinée.

L'éducation positiviste est dirigée par la famille, puis par la patrie, enfin par l'humanité.

Néanmoins la discipline maternelle garde
l'importance de toutes la plus décisive, parce
qu'elle fonde une moralité que le reste de la vie
altérera difficilement. Dès lors s'établit, à l'abri
de l'égoïsme actif, l'essor des instincts sympathiques.

Extrême est, à juste titre, l'importance atta-
chée par le positivisme au foyer familial.

Bien que l'éducation de l'enfant commence
par être essentiellement morale, la culture esthétique doit suivre de près. L'art est une sorte
d'introduction à la science. Rien n'est à négli-
ger, car il s'agit d'accuser l'aptitude graduelle
de l'enfant à formuler ses émotions réelles (1).

Quant à l'instruction, la principale difficulté

(1) Education autant que possible intégrale, donc artis-
tique aussi. Telle était la pensée expresse d'Auguste Comte.
« Alors l'art général se trouvera toujours assisté convena-
blement par les arts spéciaux, puisque chacun sera devenu
familier avec le chant, base essentielle de la musique, et
le dessin, source générale du triple art de la forme, peinte,
sculptée ou construite ». *Catéchisme posit.* 1re partie, 3e
ent. p. 96, ed. ap.

qu'elle rencontre consiste à développer l'esprit sans altérer la prépondérance du cœur.

Là réside en réalité le plus noble privilège de la doctrine positiviste.

Agir par affection, et penser pour agir. Agir d'abord, puisque malgré les inconvénients que suscite l'activité irréfléchie, ces inconvénients sont les moindres et fournissent les matériaux indispensables à la réflexion, destinée, elle, à nous permettre *de mieux agir*.

Instituer des doctrines générales, seules capables de produire des caractères fixes et concordants : tel est le but à atteindre. Ainsi s'affirme la nécessité de l'instruction une et intégrale.

Il s'agit de surmonter les dispositions critiques développées par l'appareil scientifique, de cultiver la démonstration afin d'instituer non la discussion stérile ou dispersive, mais l'adhésion active et volontaire, celle qui ennoblit jusqu'aux fatalités les plus humbles en y rattachant le progrès moral.

La foi positiviste est moins une foi démontrée, qu'une foi toujours démontrable, adéquate, dès lors, à la maturité de la raison humaine.

L'activité intellectuelle, se trouve appelée à

développer des *conséquences* sans délibérer sur les *principes* mêmes.

Quant à la notion de droit, elle doit céder à la notion de devoir. Il faut à notre espèce les *devoirs pour faire des sentiments.*

Le positivisme préconise les devoirs chez tous à l'égard de tous. La notion de droit, on l'oublie trop, est constamment fondée sur les exigences de l'individu. Or, nous naissons chargés d'obligations de toutes sortes, envers nos prédécesseurs, nos contemporains et ceux qui seront appelés à poursuivre notre tâche. Avant même que nous puissions rendre aucun service, ces obligations ne font que s'accumuler. « Quels que puissent être nos efforts, la plus longue vie bien employée ne nous permettra jamais de rendre qu'une portion imperceptible de ce que nous avons reçu ». Ce ne serait pourtant qu'après restitution pleine et entière que nous serions fondés à *réclamer.*

La religion de l'Humanité, représentée par le culte des ancêtres et des grands hommes, n'a pas d'autre but que de nous donner une plus saine appréciation de ces choses.

Nous n'avons de droits qu'en tant que membres de la collectivité ou, plutôt, elle seule en a, et de ces droits elle ne nous confère l'exercice qu'à titre de mandat.

En réalité, tout en nous appartient à l'Humanité : tout nous vient d'elle, et nous lui devons tout.

L'ensemble de l'éducation positiviste, tant intellectuelle qu'affective, a pour but de nous rendre familière notre entière dépendance envers l'Humanité, de façon à nous faire sentir notre destination à son service continu.

Dès lors, le progrès apparaîtra sous son véritable jour, comme une force évolutive et non destructive. Le progrès est le *développement de l'ordre*.

Cependant, depuis le domaine matériel jusqu'au domaine moral, chaque ordre se superpose au précédent suivant une loi hiérarchique. Partout les plus nobles phénomènes sont subordonnés aux plus grossiers.

Loi inévitable qui n'en rend que plus éclatante la nécessité pour l'homme de donner une destination morale à ses efforts.

Dépendance et dignité apparaissent ainsi connexes. Mais la pratique sociale doit, avant tout, mettre à profit une saine appréciation de l'ensemble des fatalités réelles.

III

QUELQUES IDÉES D'AUGUSTE COMTE SUR LE
PAUPÉRISME

Quels que soient les bienfaits des progrès déjà
réalisés, l'ambition des prolétaires ne saurait
être illimitée : elle doit être raisonnée. Il y va
non seulement de leur devoir, mais de leur bon-
heur. Le respect et l'attachement ne sont pas
de vains mots : ils constituent la condition essentielle d'un office social, aussi bien que de la
dignité personnelle.

Réciproquement, les riches — les patriciens
— doivent à ceux qu'ils emploient *une juste sécurité*. En concourant au but commun, les ou-
vriers participent mieux encore à l'existence
domestique, indissolublement liée à la vie ci-
vique. L'important est de ne point faire de dé-
classés ; quant aux condensations, elles sont non

seulement inévitables mais utiles à l'améliora-
tion progressive de la situation même des prolétaires. Il appartient au positivisme de faire des
pauvres d'hier des hommes assurés du lende-
main, riches de cœur, volontairement associés
à la conservation du trésor humain.

*
* *

L'économie positive doit s'appliquer à char-
ger un agent quelconque de toutes les attribu-
tions qu'il comporte, sans jamais y appliquer
des forces susceptibles d'une destination supérieure.

D'après ce principe, l'industrie occidentale
tend à considérer comme *barbare* l'emploi de
l'homme comme poids ou moteur. Déjà cette
industrie a transporté hors de nous les services
matériels, statiques et dynamiques, d'après
l'heureuse institution des machines.

La dignité personnelle en même temps que
l'activité générale sont ainsi améliorées et une
valeur à la fois mentale et morale, jadis perdue

pour l'espèce et douloureuse pour l'individu, est enfin utilisée.

Cependant, les progrès accomplis, quelque merveilleux qu'ils paraissent, demeurent imparfaits ; la substitution de l'animal à l'homme est encore un mal, et l'utilisation des forces inorganiques s'accentue trop lentement. L'essor de la mécanique industrielle doit être plus complet, mieux dirigé, plus général. De grandes énergies restent inemployées ; les marées, par exemple.

En principe et en fait, toute destination automatique doit être abandonnée, aussi bien à l'égard des animaux qu'à l'égard de l'homme, comme contraire à l'économie non moins qu'à la moralité même. Toute force de cœur et d'esprit doit être précieusement recueillie et utilisée. C'est à ce prix seulement que se développera la fraternité terrestre.

Or, c'est à ce développement que toutes les classes de l'humanité nouvelle doivent spontanément concourir.

Pour que l'unité sympathique devienne aussi complète que possible, il faut savoir l'étendre jusqu'au domaine inorganique, d'après cette règle que nous devons toujours subordonner la destruction à la construction.

Fort aisément, le mépris et l'oppression s'étendent de la matière au corps, puis à l'âme. Les vrais positivistes respectent jusqu'aux produits de l'industrie, jusqu'aux matériaux. Tout ne doit-il pas concourir à améliorer autant qu'il se peut le régime terrestre ?

D'un autre côté, tous les perfectionnements qu'il nous est permis d'envisager ne peuvent, on l'a vu, se produire que grâce à notre soumission à l'ordre universel. Ce sont les lois de ce même ordre qui nous fournissent les bases inévitables de notre conduite. Toute révolte irréfléchie apparaît comme un gaspillage de force, donc une faute.

Dépendants envers l'ensemble des êtres connus, le sentiment nous fait apprécier notre di-

gnité ; il nous invite à élever la destination de
notre activité par la modification des hiérar-
chies, au commun avantage des divers éléments qui les composent.

Les deux termes du problème social restent,
à l'heure actuelle, nettement définis : attachement de la part des prolétaires, juste sécurité
assurée de la part des patriciens, — c'est-à-dire
dévouement réciproque, sincère, se traduisant
par des actes ; hors de là nul salut, ni pour les
patriciens, ni pour les prolétaires.

IV

QUELQUES IDÉES D'AUGUSTE COMTE SUR LA GUERRE

Au début des associations humaines, tout concourt à faire prévaloir l'activité guerrière sur l'activité pacifique. La répugnance qu'inspire une élaboration régulière et quotidienne, l'impulsion directe de l'instinct destructeur, beaucoup plus énergique que l'instinct constructeur, se trouvent développées par l'exercice et entretenues par l'alimentation carnassière.

Il n'est pas douteux que le régime guerrier pouvait, seul, développer les qualités primitives de l'homme.

L'attaque suscitant la défense, la guerre constitue bientôt la plus périlleuse mais aussi la plus active et la plus intelligente de toutes les chasses.

L'influence affective de la vie guerrière ne

reste pas inférieure. La prépondérance des instincts personnels y pourvoit. Dans un cercle
trop restreint, la guerre développe l'attachement mutuel, la vénération envers les chefs
éprouvés, la bonté envers les inférieurs. Cette
triple réaction sympathique n'apparaît nettement que si l'on examine l'efficacité collective
en qui résida longtemps le principal privilège
de l'existence militaire.

Avouons-le, ce caractère est admirable. Mais,
d'où provient-il? De ce qu'une telle activité ne
peut *réussir* en dehors de *l'association*. Même
à l'état rudimentaire, réduite au simple brigan-
dage, la guerre exige la solidarité, au moins
partielle, au moins temporaire, mais profonde
et tenace. Le besoin d'union pour la défense et
surtout pour l'attaque domine toute personna-
lité. Ainsi s'établit une discipline habituelle, où
chacun trouve la principale garantie de sa
propre conservation.

Longtemps, la vie guerrière fut la meilleure
école de discipline. Elle exigeait le jugement
des capacités; elle savait grouper un ensemble
de coopérateurs, assurer le respect des vraies
supériorités et le mépris des valeurs fictives.
Il n'est pas jusqu'à la générosité des chefs qui

n'eût l'occasion de se déployer librement par
la distribution des récompenses.

*\
* *

Au contraire, l'exercice de la vie industrielle
commence par être essentiellement personnel.
Or, c'est la noblesse supérieure de l'instinct
constructeur qu'il s'agit d'assurer. L'industrie
semble donc, au premier abord, faire échec aux
principes.

C'est pourtant de l'existence industrielle que
doit surgir une meilleure sociabilité. La guerre
ne peut s'organiser que pour la patrie, tandis
que le travail ne devient susceptible de systématisation que par rapport à l'humanité. Au
lieu que, durant l'âge militaire, toutes les unités
étaient rivales, l'état industriel les rend *con-
vergentes*, puisqu'il assigne à chacune un but
qui peut et doit devenir universel. Et, en effet,
l'exploitation du domaine terrestre comporte,
entre les diverses républiques, une répartition
d'offices équivalente à celle qui coordonne les
différentes classes dont se compose chaque
peuple.

C'est ainsi que, fort logiquement, l'activité pacifique conduit à *l'association universelle*. L'on ne peut que constater, tout à la fois, la supériorité finale de l'état industriel et la lenteur de son avènement décisif.

Qui ne voit l'opportunité singulière du positivisme, au moment où les syndicats ont une tendance de plus en plus marquée à déplacer, purement et simplement, le vieil état de guerre ?

V

AUGUSTE COMTE AU PANTHÉON

L'on sait qu'en présence d'une cérémonie
telle que le transfert des cendres d'un grand
homme au Panthéon, il ne s'agit pas d'un acte
administratif : il faut une loi. C'est dire que la
question est transportée sur le terrain politique ; or, en fait, depuis les Romains et depuis
toujours, *Voluntas populi suprema lex esto* —
que le peuple s'exprime directement comme
en République, ou soit censé s'exprimer par
son chef, empereur ou roi.

Mais cette volonté du peuple, qui constituerait,
en principe, il faut l'avouer, une sorte d'expro-
priation pour cause d'utilité publique non pas
matérielle, mais morale, n'irait-elle pas à
l'encontre de la volonté formelle d'Auguste
Comte ?

C'est la question qu'il nous faut examiner.

Dans son testament, Auguste Comte déclare expressément qu'il désire être enterré dans le cimetière de l'Est, en compagnie de ses *trois anges*, près de la tombe d'Elisa Mercœur.

Telle est la lettre du testament.

Mais, en fait, et comme l'avait prévu Auguste Comte même (1), la sépulture souhaitée par lui n'a pu être réalisée. La famille de Vaux n'a point cédé « l'angélique corps ». La mère d'Auguste Comte est enterrée à Montpellier. La tombe de Sophie, la fidèle servante et fille adoptive, fait face à la tombe d'Auguste Comte, dont elle est entièrement distincte.

Donc, la seule hypothèse intéressante, celle d'une communauté de sépulture entre Auguste Comte et les êtres qu'il a aimés — communauté *voulue et réalisée* — cette hypothèse n'existe pas.

Indépendamment de la lettre du testament, quel est l'esprit du testateur? Auguste Comte ne pouvait *absolument* pas prévoir, vu l'ancienne affectation du Panthéon, que sa dépouille serait un jour sollicitée pour y être solennellement inhumée.

(1) C'est pourquoi il demandait subsidiairement de simples cénotaphes avec inscription.

S'il l'avait pu prévoir, en quel sens se serait-il
prononcé? Tout est là. Nous ne pouvons rai-
sonner ici que par analogie, mais l'argument
est sans réplique.

« Les vains efforts contre la décomposition
matérielle, écrit Comte, émanent de la sin-
thèse absolue et personnelle, surtout depuis
que le monothéisme proclame la résurrection
corporelle. Quand la religion devient relative
et sociale, on dédaigne de telles luttes, parce
qu'on n'aspire à revivre que dans et par autrui,
si l'on a réellement vécu pour autrui. C'est
comme souvenir et comme signe qu'il faut
apprécier les restes des êtres chéris, quel que
soit leur état spontané ; nous sommes ainsi
conduits à les respecter scrupuleusement au
lieu de retarder leur inévitable dissolution en
profanant leur indivisible structure. En consi-
dérant les urnes cinéraires de l'antiquité militaire, et les cénotaphes, privés ou publics,
tant employés par les musulmans, *le culte des
morts se montre indépendant de la conservation
de leurs formes*, dont la contemplation exté-
rieure troublerait l'évolution intérieure (1). »

(1) *Testament*, p. 9 et 10.

Et encore :

« Malgré l'ingratitude de ceux qui maintenant exploitent mes travaux sans concourir à me préserver de la misère, ils s'empresseront, pour la plupart, de venir à mes funérailles étaler leurs regrets, et peut-être vanter leur reconnaissance. *J'invite mes exécuteurs testamentaires à ne jamais repousser des manifestations qui pourront quelquefois devenir sincères, même avant que le cri public les ait imposées* (1). »

La pensée intime d'Auguste Comte est des plus claires. L'intérêt de la doctrine, c'est-à-dire de l'idéal humanitaire dont elle est le véhicule, l'emporte sur toute autre considération.

*
* *

Mais il y a plus. A l'heure même où il instituait le culte des grands hommes, Auguste Comte envisagea nettement l'affectation du Panthéon à une sorte d'enseignement moral.

(1) *Testament*, p. 11.

« On doit seulement demander aux gouvernements bien disposés, écrit-il dans l'*Appel*, une concession pleinement conciliable avec le respect universel de la liberté spirituelle, afin de procurer au culte public de l'Humanité les temples qu'exige son développement. Sans construire des édifices spéciaux, ils peuvent accorder au positivisme un de ceux qui deviendraient naturellement vacants d'après la désuétude croissante des autres fois, quand la suppression du budget théorique permettra de manifester le véritable état des âmes occidentales. *En me bornant au cas le plus décisif, j'ose ici demander, comme indice de régénération, qu'on me livre le temple solennellement voué, dès le début de la crise finale, au culte des grands hommes, que j'ai seul systématisé de manière à permettre son essor continu.* L'inscription actuelle devrait subsister, sauf à remplacer la *Patrie* par l'*Humanité*, pour indiquer l'universalité nécessaire d'un culte, qui, dès son début, embrasse tout l'Occident, et doit ensuite recevoir, envers tous les pays, des extensions graduelles. Cet édifice constitua toujours un *programme sociolatrique, dont la réalisation ne pourrait appartenir qu'à la religion positive.* Quand le catholicisme tenta de se l'approprier, l'opinion publique reprocha toujours cette usurpation aux gouvernements qui l'autorisèrent : on y vit un signe de rétrogradation plus décisif que ne l'indiquait la vaine interdiction d'un office encore impossible. Aucun scrupule ne peut donc empêcher de consacrer ce temple à sa vraie destination, puisque toutes les conditions de doctrine et de culte qu'elle exigeait se trouvent maintenant remplies (1). »

Le culte des ancêtres, et celui des grands hommes, n'est-ce pas, ou peu s'en faut, le tout du positivisme (2)? Et ce culte ne symbolise-t-il pas à merveille la destinée même des nations? n'en marque-t-il pas le niveau exact et n'en fait-il pas présager la durée approximative?

Le culte des grands hommes représente autre chose encore : la notion d'une humanité nouvelle.

Notion qui va s'élargissant sans cesse, de par cette sociologie que fonda Auguste Comte.

(1) *Appel aux conservateurs*, pp. 118-119.

(2) Voy. Emile Corra, *Le rôle social des morts* et *Religion de l'humanité : le culte public de l'humanité et les pélerinages positivistes.*

RÉSUMÉ

D'un bout à l'autre de sa carrière Auguste
Comte a été l'apôtre du progrès, entendu de manière à n'en point isoler les deux éléments essen-
tiels : *solidarité* et *continuité*.

Son œuvre scientifique n'a pas eu d'autre
but que de fournir une base à ce progrès
même.

Quant à la philosophie d'Auguste Comte, elle
n'a jamais varié dans son ensemble. Il im-
porte suprêmement que la vie active ne fasse
pas oublier les principes : « Ce besoin devant
être d'autant plus impérieux qu'il concerne des
conceptions plus compliquées, c'est surtout envers les doctrines morales et sociales qu'il im-
porte le plus d'y satisfaire, sous peine d'une
déplorable insuffisance pratique de l'éducation
primordiale. De là résulte, pour le pouvoir spi-

rituel, non seulement la nécessité d'exercer toujours une haute surveillance sur le mouvement
spontané de l'esprit humain, afin d'y rappeler
les considérations d'ensemble, mais principale-
ment l'obligation d'instituer, à la judicieuse
imitation du catholicisme, un système d'habi-
tudes à la fois publiques et privées, propres à
ranimer énergiquement le sentiment soutenu
de la solidarité sociale. Comme ce sentiment ne
saurait être assez complet sans celui de la continuité historique propre à notre espèce, la philosophie positive devra développer l'un de ses
plus précieux attributs politiques, *en présidant
à l'organisation d'un vaste système de commé-
moration universelle,* dont le catholicisme ne
put réaliser qu'une faible ébauche, vu l'esprit
trop étroit et trop absolu de la philosophie cor-
respondante, impuissante à concevoir suffisamment l'ensemble du passé social. Un tel système
destiné à glorifier... les diverses phases succes-
sives de l'évolution humaine et les principaux
promoteurs des progrès respectifs, uniformément
appréciés d'après la saine théorie dynamique de
l'humanité, pourra d'ailleurs être assez heureu-
sement combiné pour offrir... une haute utilité
intellectuelle, en popularisant la connaissance

générale de cette marche fondamentale. » Où lisons-nous cela ? Dans la *Politique positive* ou dans la *Philosophie ?* Dans la *Philosophie* (1).

*
* *

Si le sociologue a cru politique de ménager tour à tour ses différents adversaires, c'était dans la pensée manifeste de les amener, les uns et les autres, plus sûrement à composition.

Aucun homme, par l'étendue de son génie, le bienfait de son action et l'intrépidité de son caractère personnel, n'a mieux mérité que sa mémoire fût glorifiée.

Cette glorification de l'humanité par ses représentants les plus éminents, nous venons de voir que, dans son cours de *Philosophie positive*, il la préconisait déjà. Ses dispositions dernières accusent, dans toute l'étendue des limites permises, le même souci :

« J'invite mes exécuteurs testamentaires à ne jamais repousser des manifestations qui pourront quelquefois devenir sincères, même avant que le cri public les ait imposées (2) ».

(1) *Cours de philosophie positive*, t. VI, p. 472-3.
(2) *Test.*, p. 11, cf. *supra*.

Il appartient ainsi aux propres paroles du maître de devenir comme le murmure de ce qui sera demain le cri de la nation : *Auguste Comte au Panthéon* ! (1)

(1) Voy. dans la *Revue occidentale*, nᵒˢ du 1ᵉʳ mai 1898 et suiv., la liste des adhérents au projet du comité pour l'érection de la statue d'Auguste Comte. Beaucoup plus récemment (le 14 novembre 1907 des députés et des sénateurs appartenant au groupe interparlementaire de l'arbitrage international organisèrent au Sénat (Palais du Luxembourg), une importante manifestation franco-américaine. « Ils voulaient fêter M. Léon Bourgeois et ses collègues de la délégation française à la seconde conférence de la Paix ainsi que les membres des commissions américaines de passage à Paris. — Le président, M. d'Estournelles de Constant, prit le premier la parole ; MM. A. Dubost, président du Sénat, Renault et Decrais, orateur du groupe de l'arbitrage au Sénat, ont parlé à leur tour, ainsi que M. Pichon, ministre des Affaires étrangères »... Le ministre du Brésil prononça un discours où il recommanda la lutte contre l'esprit de destruction et exalta magnifiquement Auguste Comte. Voy. *Entente cordiale*, Discours de M. G. de Piza, ministre du Brésil, au Palais du Luxembourg, à l'occasion de la réunion de la commission interparlementaire d'arbitrage.

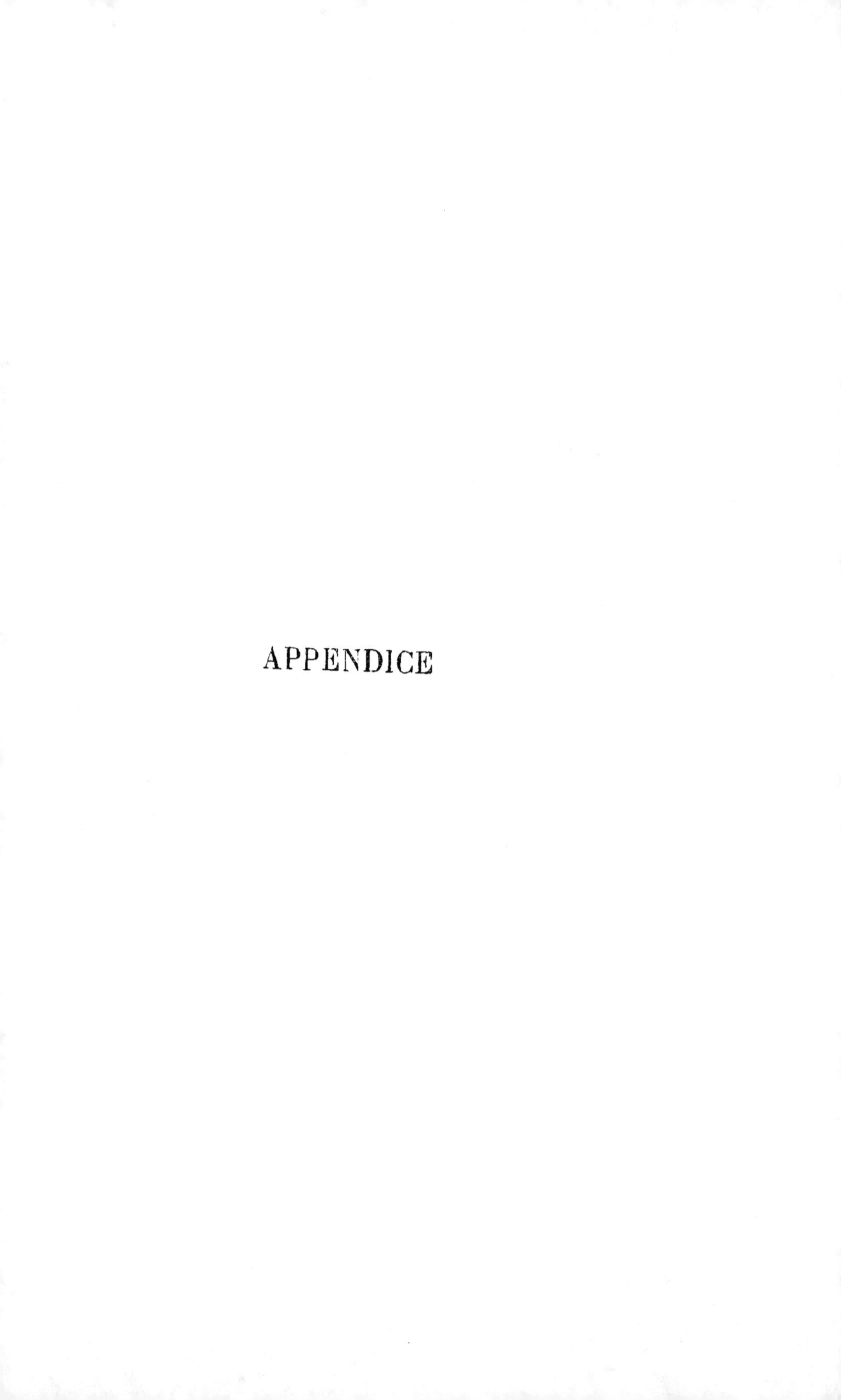

APPENDICE

APPENDICE

1

UNITÉ SOCIOLOGIQUE DE LA DOCTRINE

L'on oppose souvent la doctrine dite *mystique* d'*Auguste* Comte à celle de sa *Philosophie*. Que penser des prétendues variations et contradictions du maître ? Il nous sera permis, pour y répondre, de reproduire ici le chapitre d'une étude antérieure (1).

C'est dans cette même étude que nous disions au sujet de la question du Panthéon. « Du moins une mesure « pleinement conciliable avec le respect universel de la liberté spirituelle » eût été, de la part des fervents d'Auguste Comte, une

(1) *L'Esthétique positiviste*, Messein 1909.

double visite annuelle à ce Panthéon qu'il avait rêvé, visite dépourvue de tout apprêt, mais instituée à des dates significatives : 1er novembre et 5 septembre (ou 19 janvier). Ce minimum provisoire était-il trop rigoureusement juste, ou trop simple ?

« L'on a préféré le néant pour ne pas dire le *plus que néant* d'un tombeau ridicule, non loin du touchant monument aux morts (1). »

*
* *

On a coutume de diviser la carrière intellectuelle d'Auguste Comte en trois périodes :

1° De 1817 à 1827 (recherches de jeunesse) ;

2° De 1827 à 1845 (élaboration du système philosophique) ;

3° De 1845 à 1857 (élaboration du système religieux).

Et l'on appelle *seconde carrière* la dernière période (2).

(1) *Esthétique positiviste*, p. 159. Si le tombeau d'Auguste Comte n'est pas ridicule, il est à tout le moins insuffisant.

(2) Voy. *Catéchisme posit.*, édit. P. F. Pécaut, Garnier, 1909, p. 1. Bien que cette division semble la plus logique, elle n'est pas à l'abri de tout reproche. Le programme du *Cours de philosophie positive* marque la pleine maturité in-

Trois ouvrages s'imposent à l'attention, en ce qu'ils contiennent, tracé de la main du maître dans un but évident d'apostolat, l'aperçu de toute la doctrine. Ce sont :

1° Le *Discours sur l'Esprit positif* (1844) (1) ;

2° Le *Discours sur l'ensemble du Positivisme* (1848) ;

3° Le *Catéchisme* (1852) (2).

Dans le *Discours sur l'Esprit positif*, Auguste Comte expose les principes généraux de sa doctrine ; il définit la nature et la destination de l'esprit positif.

Dans le *Discours sur l'ensemble du positivisme*, il développe ses principes. Au rôle émancipateur des prolétaires, il associe celui des

tellectuelle d'Auguste Comte ; or, il est d'avril 1826. Voy. LITTRÉ, *Aug. Comte et la philos. posit.*, Hachette, 1863, p. 31, 32.

(1) *Discours sur l'Esprit positif*, prononcé par l'auteur en février 1844 à l'ouverture de son cours annuel d'astronomie (Extrait du *Traité d'astronomie populaire*, broch. in-8, Paris 1844).

(2) Le *Cour de philosophie positive* (*Système*, rectifiera plus tard Auguste Comte) fut publié pour la première fois de 1830 à 1842.

Le *système de politique positive* ou *Traité de sociologie instituant la Religion de l'Humanité*, a pour date 1851-1854 Voy. la Bibliographie.

femmes ; il insiste plus que jamais sur la mission des Beaux-Arts comme facteurs de sociabilité ; enfin il institue la religion de l'Humanité.

Le *Catéchisme positiviste* réalise, au point de vue enseignement et rites, cette même religion qui, par son côté sociologique tout au moins, s'annonçait dès les premières œuvres (1).

L'évolution des idées d'Auguste Comte représente donc une ligne droite absolue, un développement continu, au point que l'on a pu dire que, chez lui, l'ordre historique se confond avec l'ordre logique (2).

(1) Voy. *Esthétiq. Posit. : Textes justificatifs*.

(2) L'on a beaucoup blâmé — ou loué — chez Auguste Comte, sa partialité de plus en plus prononcée en faveur des jésuites ; se contredit-il pour cela ? Qu'on en juge. Il pose d'abord en principe la *présidence positiviste*. Et il ajoute : « *quand toute crainte de rétrogradation se trouvera suffisamment dissipée*, les apôtres de l'Humanité développeront, envers le jésuitisme, les sympathies annoncées par la vraie philosophie de l'histoire et consacrées dans le culte qu'elle a déjà produit. En même temps, les véritables organes du catholicisme moderne, renonçant à la domination officielle qui dénaturait leurs tendances sociales, reprendront, *sur de meilleures bases*, l'admirable tentative de leur éminent fondateur pour instituer l'indépendance spirituelle d'un digne sacerdoce. C'est ainsi que le culte spécial de la

Nous avons insisté sur trois opuscules particulièrement importants quant à la doctrine et aux conclusions précises.

Insistons, derechef, sur quelques points qui mettront en relief l'*unité sociologique* de la doctrine.

En son *Discours sur l'Esprit positif*, Comte prend de Kant juste ce qui lui agrée. Il faut, déclare-t-il, recourir à la lumineuse distinction ébauchée par Kant, des deux points de vue *objectif* et *subjectif*; sous le premier aspect, c'est-à-dire en tant qu'exacte représentation du monde réel, notre science n'est point susceptible d'une pleine systématisation, vu l'inévitable diversité entre les phénomènes fondamen-

Vierge peut être bientôt transformé de manière à préparer les populations catholiques à l'adoration universelle de l'Humanité, sous l'impulsion graduelle des positivistes assistés par les femmes et les jésuites régénérés ». *Appel aux conservateurs*, août 1855, p. 77.

taux. Nous ne pouvons chercher là que l'homogénéité et la convergences doctrinales. Mais il en est tout autrement au point de vue subjectif, c'est-à-dire quant à la source intérieure des théories humaines, regardées comme des résultats naturels de notre évolution mentale, à la fois individuelle et collective, et sous l'angle des nécessités qui s'imposent à nous. Rapportées non à l'Univers, mais à l'homme, ou plutôt à l'Humanité, nos connaissances réelles tendent vers une entière systématisation scientifique et logique. Il n'y a plus au fond *qu'une seule science, la science humaine, ou, plus exactement, sociale* (1).

Voilà le point de vue décisif, et — osons le dire — impérissable du positivisme (2).

La science sociale, explique Auguste Comte, n'est pas seulement la plus importante de toutes; elle fournit l'*unique lien*, à la fois logique et scientifique, que comporte, désormais, l'ensemble de nos spéculations. Et c'est ce principe

(1) *Discours sur l'Esprit positif*, 1ʳᵉ partie, ch. III, p. 37, 38.

(2) Cfr. *Cours de philosophie positive*, tome VI, *Conclusions générales*, pages 572, 760.

qui constitue le résultat le plus essentiel du *Système* de *Philosophie positive* (1).

Décrivant la genèse de sa propre doctrine, Auguste Comte pourra affirmer qu'il a réalisé une coordination d'ensemble à l'aide du principe de l'*Humanité*, emprunté par sa *Politique* à sa *Philosophie* même. « Ainsi ma *synthèse* résulte de ma *Politique*, comme celle-ci, de ma *Philosophie*, de manière à compléter la grande trilogie qui doit diriger la réorganisation spirituelle de l'Occident (2).

(1) *Système de politique positive, Discours préliminaire*, tome I, p. 2.

(2) *Synthèse subj.*, fonds. typog. de l'exécution test. d'Auguste Comte, 1900, p. 2. Cfr. *Système de polit. posit.*, ou *Traité de sociologie instituant la religion de l'Humanité*, préface, p. 1 et 2 : « Je crois donc devoir ici compléter, envers cette marche générale, l'insuffisante explication ébauchée dans la préface du tome sixième et dernier de mon *Système de philosophie positive*. J'y ai assez indiqué comment, en 1822, ma découverte fondamentale des lois sociologiques me procura, dès l'âge de vingt-quatre ans, une véritable unité cérébrale en faisant intimement converger les deux ordres de tendances, scientifiques et politiques, qui m'avaient jusqu'alors partagé... Dès 1826, mon travail décisif sur le *pouvoir spirituel* avait hautement voué l'ensemble de ma vie à fonder une autorité théorique vraiment digne de diriger l'entière régénération des opinions et des mœurs, en remplaçant définitivement le monothéisme

*
* *

Lorsque s'établit l'église Saint-Simonienne proprement dite, Comte, depuis longtemps à l'écart, se fait ironique. Il retrace dans une lettre (*Le Globe* du 13 février 1832) l'origine de ses malentendus, déjà anciens, et conclut : « La voie scientifique dans laquelle j'ai toujours marché depuis que j'ai commencé à penser, les travaux que je poursuis obstinément pour élever les théories sociales au rang des sciences physiques, sont évidemment en opposition radicale et absolue avec toute espèce de tendance religieuse ou métaphysique ».

Plus tard, Auguste Comte institue une religion. S'est-il contredit ?

En réalité, il a cessé, à la suite d'un examen plus attentif, d'enserrer une théologie ou une métaphysique dans l'idée même de religion. Il

epuisé. *Système de polit. posit.*, préface, p. 1 et 2. — Cfr *Esthétiq. Posit. Textes justificatifs.*

ne considère plus comme *essentielles* que deux conditions : une *philosophie* et des *rites*.

Il accueille, d'autre part, une observation d'expérience : on ne supprime que ce que l'on remplace...

Auguste Comte ne fait donc que préciser, sous deux aspects, il est vrai différents, une seule et même pensée : remplacer métaphysique et théologisme (1).

*
* *

L'athéisme d'Auguste Comte est-il radical ? Le problème est plus complexe.

L'on vient de lire la profession de foi de 1832.

La préface du *Catéchisme* rappelle expressément la déclaration faite, le 19 octobre 1851, au Palais Cardinal (2). Cette nouvelle déclara-

(1) Cfr *Syst. de pol. posit.*, tome II, p. 7 et s. (théorie générale de la religion ou théorie positive de l'unité humaine).

(2) « Au nom du passé et de l'avenir, les serviteurs théo-

tion n'est pas isolée. Partout, dans l'œuvre d'Auguste Comte, on en trouverait d'analogues.

D'un autre côté, dans ce même *Catéchisme*, Auguste Comte pose comme *axiomes* ces deux principes :

Il n'existe point de société sans gouvernement ;

Aucune société ne peut se conserver et se développer sans un sacerdoce quelconque (1).

Enfin, toujours dans le *Catéchisme*, nous trouvons cette déclaration très nette : chaque consécration consiste à représenter le pouvoir correspondant comme le ministre d'une puissance respectée : Dieu, sous le régime provisoire, l'Humanité, dans l'ordre définitif (2).

riques et les serviteurs pratiques de l'Humanité viennent prendre dignement la direction générale des affaires terrestres, pour construire enfin la vraie providence, morale, intellectuelle, et matérielle ; en excluant irrévocablement de la suprématie politique tous les divers esclaves de Dieu, catholiques, protestants, ou déistes, comme étant à la fois arriérés et perturbateurs. » Cfr. notamment : *Discours sur l'ensemble du posit., Concl. génér.*, p. 361-2 (*l'Humanité et les dieux*) ; et *Testament d'Auguste Comte*, C. 2ᵉ édit., Fonds typ. de l'exécution testament. d'A. C., 1896 p. 9, *ibid.* (*confessions annuelles*), p. 137.

(1) Voy. *Catéchisme posit. Ensemble du régime*, édit. Pécaut, p. 250, 251.

(2) *Ibid.*, p. 251. Cfr. *Lettre à Miss Martineau* (LITTRÉ,

Nombre d'antinomies apparentes pourraient donc se résoudre par cette simple question : sommes-nous encore sous le régime provisoire, ou déjà dans l'ordre définitif ?

*
* *

Mais Auguste Comte est allé beaucoup plus loin.

Il a combattu l'athéisme. Voici en quels termes, rebelles à toute analyse impartiale : « Même sous l'aspect intellectuel, l'athéisme ne constitue qu'une émancipation très insuffisante, puisqu'il tend à prolonger indéfiniment l'état métaphysique en poursuivant sans cesse de nouvelles solutions des problèmes théolo-

Aug. Comte et la Philosophie positive, 1863, p. 649) : « Ma fondation d'un nouveau pouvoir spirituel consiste surtout à *mettre irrévocablement au service du sentiment l'intelligence*, qui jusqu'ici fut essentiellement vouée à servir la force matérielle. » Et encore : *Lettre à M. de Blignières* (Littré, *ibid.*, p. 660). « Les émancipés sont maintenant assujettis à parvenir à l'amour par la foi réelle, c'est-à-dire démontrée ou démontrable. »

giques au lieu d'écarter comme radicalement
vaines toutes les recherches inaccessibles. Le
véritable esprit positif consiste surtout à substi-
tuer toujours l'étude des *lois* invariables des
phénomènes à celles de leurs *causes* proprement dites, premières ou finales, en un mot la
détermination du *comment* à celle du *pourquoi*.
Il est donc incompatible avec les orgueilleuses
rêveries d'un ténébreux athéisme sur la forma-
tion de l'univers, l'origine des animaux, etc...
Dans son appréciation de nos divers états spé-
culatifs, le positiviste n'hésite point à regarder
ces chimères doctorales comme fort inférieures,
même en rationalité, aux inspirations spontanées de l'humanité. Car le principe théologique,
consistant à tout expliquer par des *volontés*, ne
peut être pleinement écarté que quand, ayant
reconnu inaccessible toute recherche des
causes, on se borne à connaître les *lois*. Tant
qu'on persiste à résoudre les questions qui ca-
ractérisèrent notre enfance, on est très mal
fondé à rejeter le mode naïf qu'y appliqua notre
imagination, qui seul convient, en effet, à leur
nature. Ces croyances spontanées ne pouvaient
radicalement s'éteindre qu'à mesure que l'humanité, mieux éclairée sur ses moyens et ses

besoins, changeait irrévocablement la direction générale de ses recherches continues. Quand on veut pénétrer le mystère inaccessible de la production essentielle des phénomènes, on ne peut rien supposer de plus satisfaisant que de les attribuer à des volontés intérieures ou extérieures, puisqu'on les assimile ainsi aux effets journaliers des affections qui nous animent. L'orgueil métaphysique ou scientifique a pu seul persuader aux athées, anciens ou modernes, que leurs vagues hypothèses sur un tel sujet sont vraiment supérieures à cette assimilation directe, qui devait exclusivement satisfaire notre intelligence jusqu'à ce qu'on eût reconnu l'inanité radicale et l'entière inutilité de toute recherche absolue. Quoique l'ordre naturel soit, à tous égards, très imparfait, *sa production se concilierait beaucoup mieux avec la supposition d'une volonté intelligente qu'avec celle d'un aveugle mécanisme.* Les athées persistants peuvent donc être regardés comme *les plus inconséquents des théologiens,* puisqu'ils poursuivent les mêmes questions en rejetant l'unique méthode qui s'y adapte (1). »

(1) Voy. *Discours sur l'ensemble du posit.,* société posit. internat., 1907, p. 49-51.

*
* *

Que conclure ?

Qu'Auguste Comte est un agnostique *scienti-fique* (1).

Il est d'abord athée, *en ce sens* qu'il déclare impossible d'affirmer qu'il y a un Dieu. Puis il se retourne contre les athées *qui affirment :* il n'y a point de Dieu (2).

(1) C'est la seule conciliation possible entre les divers textes, que nul *distinguo chronologique* ne parviendrait à élucider de manière satisfaisante.

(2) Certains ont tenu qu'il réservait la question du *Deus absconditus.* Voy. RENOUVIER : « La religion positiviste est la partie la plus intéressante de l'ensemble du positivisme. Dans l'état où Comte l'a portée, on n'y voit plus rien qui exclue Dieu ou l'état futur des âmes ». RENOUVIER, *Philos. analyt. de l'Histoire,* tome IV, p. 245. Cfr. Auguste COMTE, *Synthèse subjective.* Dans cet ouvrage, Auguste Comte, toujours mû par des considérations d'ordre sociologique, va jusqu'à faire appel à la fiction. Mais il ne renonce point à son principe de relativité universelle. « Ne devant jamais aspirer aux notions absolues, dit-il expressément, nous pouvons instituer la conception relative des corps extérieurs. etc... Bornée au Grand-Etre (l'Humanité) assisté de

Il entend ne jamais sortir du relatif. Telle est l'idée unique exprimée sous une double forme.

*
⁎

Au demeurant, n'est-ce pas une divinité *sui generis* qu'il introduit avec sa doctrine reli-

ses dignes serviteurs et de leurs libres auxiliaires, l'intelligence, poussée par le sentiment, guide l'activité de manière à modifier graduellement une fatalité dont tous les agents tendent constamment au bien sans pouvoir en connaître les conditions » (*Synthèse subj.*, p. 8 et 9). Le point de vue d'Auguste Comte ne saurait être précisé avec plus de netteté. — L'analyse de Stuart Mille reste, de toute façon, remarquable : « Il est vrai qu'il désavouait avec quelque acrimonie l'athéisme dogmatique, et même il dit (dans un ouvrage postérieur, mais les précédents ne contiennent rien qui soit en désaccord avec cela) que l'hypothèse d'un dessein a bien plus de vraisemblance que celle d'un mécanisme aveugle. Mais une conjecture fondée sur l'analogie ne lui semblait pas une base sur laquelle on pût asseoir une théorie, dans l'état de maturité de l'intelligence humaine. Il pensait que toute connaissance réelle d'un commencement nous est inaccessible et que toute recherche sur ce point outrepasse les limites essentielles de nos facultés mentales. » *Auguste Comte et le Positivisme*, trad. G. Clémenceau, 8ᵉ édit., 1907, p. 14, 15.

gieuse de l'Humanité? L'Humanité, pour lui, est *la déesse* (1), nous la devons *adorer*, et il institue les rites qu'il juge appropriés à ce but.

*
* *

Autant il serait injuste de regarder Auguste Comte comme un athée proprement dit, autant il semble logique de relier la religion positiviste au culte révolutionnaire de la *déesse Raison.* C'est à bon droit que l'on a vu dans ce dernier culte le pressentiment de la *Religion de l'Humanité* (2).

(1) Voy. *Catéchisme.*

(2) *Cat. posit.*, édit. apost. 1891, p, 401 (notes). — « Meanwhile there is great reasonableness in what Dr Congreve is stated to have told Mr. Robertson, viz., that Comte's philosophy and polity must be more generally absorbed before it can be formally revised and modified to advantage. » *The positivist Review*, London, feb. 1909, p. 36.

*
* *

A l'égard de la Révolution française même,
Auguste Comte abonde en éloges, comme en
critiques.

Il n'en reste pas moins exempt d'inconsé-
quence. Ne possède-t-il pas, au suprême degré,
l'esprit de nuance? Il le possède par don et
l'exerce par principe (1). Il blâme nettement
l'absence de *construction*. Au contraire, il ne
tarit pas en éloges sur le *principe affectif* du
nouveau régime, la subordination continue de
la politique à la morale. « Elle constitue, en
effet, le vrai sens organique de la proclamation,
désormais irrévocable, de la République fran-

(1) Le bref passage que voici montrera le point extrême
de la pensée d'Auguste Comte (1857) : « L'initiative et les
avances devant naturellement caractériser la supériorité
réelle, il faut peu s'étonner que la grande ligue religieuse
des âmes d'élite contre l'irruption anarchique du délire
occidental, commence par le Positivisme, seul capable d'y
présider. » *Auguste Comte conservateur*, H. Le Soudier,
1898, p. 276.

çaise, consacrant toutes les existences quel-
conques au service de l'Humanité. Quant à la
systématisation qui peut seule réaliser ce principe fondamental, le positivisme en a posé les
bases, mais la raison publique ne les a pas encore adoptées (1). »

*
* *

De même l'admiration d'Auguste Comte pour
le Moyen Age (2) n'implique à aucun degré
l'incompréhension de l'antiquité (3). Personne
n'a, au contraire, mieux défini le caractère humain du polythéisme (4).

(1) *Discours sur l'ensemble du positivisme*, p. 401-2.

(2) « Historiquement considérée, la foi du Moyen Age
fournit le premier type d'une digne soumission, qui, sem-
blant dirigée vers Dieu, se trouvait réellement appliquée à
l'Humanité, mieux que sous la théocratie initiale. » *Synthèse subjective*, 2e édit., 1900, p. 17.

(3) Le critérium d'appréciation d'Auguste Comte est
nettement indiqué dans le paragraphe l'*Humanité et les
Dieux* (*Disc. sur l'ens. du pos.*, p. 361-2).

(4) « La poésie n'y eut d'autre part que de les embellir
(A. Comte parle des croyances) conformément à sa desti-

Et nul n'a parlé avec plus de finesse (alors même qu'il semblait en réprouver l'esprit) des tentatives menées par les grands artistes de la Renaissance (1).

C'est maintenant à l'Art, inspirés par les doctrines nouvelles, qu'il appartient d'achever » de nous placer au vrai point de vue humaniste (2).

nation constante. Seulement la nature de la philosophie polythéique rendit cet office beaucoup plus favorable à l'essor de l'art que sous tout autre régime ultérieur. Aussi est-ce à cet âge théologique que remontera toujours notre initiation esthétique, individuelle ou collective. » *Discours sur l'Ens. du posit.*, Vᵉ partie (l'art dans l'antiquité), p. 313. Cfr. même ouvrage, p. 359-362, et *Syst. de pol. posit.*, tome III, p. 158-416.

(1) Voy. *Cours de phil. posit.*, tome VI, p. 174-177. Et Cfr. ci-dessus : Iʳᵉ partie. En fait, Auguste Comte oppose au principe factice de la Renaissance le principe directement et universellement humain d'une autre Renaissance, la *Renaissance positiviste*. Non seulement celle-ci comprend toutes les races, toutes les périodes et tous les types historiques, toutes les religions, mais (de par la bibliothèque positiviste où Homère, Eschyle, Théocrite même ont leur place), elle réintègre, en l'épurant, le principe actif (humain) du Polythéisme et l'influence de ses productions les plus puissantes comme les plus délicates. Cfr. *Testam. d'A. Comte*, 2ᵉ édit., p. 97 et 98 (PÉTRARQUE).

(2) *Discours sur l'Ensemble du posit.*, p. 360, 361. Et Cfr les deux axiomes précités du *Catéchisme* Ces axiomes sont la clef de voûte de la doctrine. Cette doctrine est,

tout entière, d'ordre sociologique. Quant aux points d'aboutissement, Auguste Comte les résume de la sorte :

1° Suprématie du sentiment ;

2° Relativité complète ;

3° Indivisibilité de la synthèse.

« Ainsi appelée à devenir indivisible, la nouvelle synthèse combine ces conditions en érigeant en principe universel le dogme de l'Humanité, graduellement surgi sous la tutelle fictive, qui se trouve irrévocablement épuisée. » *Appel aux conservateurs*, 1855, p. 20-24. Cfr. *ibid.*, p. 32-37.

BIBLIOGRAPHIE

DES ŒUVRES D'AUGUSTE COMTE

(*Editions originales*) (1)

Séparation générale entre les opinions et les désirs, juillet 1819, article qui fut écrit pour un journal d'alors, dit le « Censeur », mais qui ne fut pas publié ; reproduit dans la *Politique positive*, t. IV, appendice, p. I.

Sommaire appréciation de l'ensemble du passé moderne ; avril 1820, inséré dans « l'Organisateur », et reproduit dans la *Politique positive*, t. IV, appendice, p. 4.

Plan des travaux scientifiques nécessaires pour réorganiser la société, mai 1822, imprimé dans une brochure intitulée « Du Contrat social », par Henri Saint-Simon, et tiré à 100 exemplaires seulement ; réimprimé en avril 1824, avec le titre superposé de *Système de politique positive*, dans le 3ᵉ cahier du « Catéchisme des industriels », par Saint-Simon ; et enfin reproduit dans la *Politique positive*, t. IV, appendice, p. 47.

Considérations philosophiques sur les sciences et les savants, publiées dans les nᵒˢ 5, 7, 8 et 10 du « Producteur », 1825.

(1) Bibliographie établie par Littre, dans *Auguste Comte et la Philosophie positive*, Hachette, 1863, p. 683, 684.

et reproduites dans la *Politique positive*, t. IV, appendice, p. 137.

Considérations sur le pouvoir spirituel, publiées dans les numéros 13, 20 et 21 du « Producteur », 1826, et reproduites dans la *Politique positive*, appendice, t. IV, p. 177.

Examen du traité de Broussais sur l'Irritation et la folie, publié dans le « Journal de Paris », août 1828, et reproduit dans la *Politique positive*, appendice, t. IV, p. 217.

Cours de philosophie positive, Paris, 1830-1842, 6 vol. in-8.

Traité élémentaire de géométrie analytique à deux et à trois dimensions, mars 1843, 1 vol. in-8.

Discours sur l'esprit positif, prononcé à l'ouverture du Cours d'astronomie populaire, février 1844, 1 vol. in-8.

Traité philosophique d'astronomie populaire, 1845, 1 vol. in-8.

Circulaire d'Auguste Comte, proposant une association libre pour l'instruction du peuple dans tout l'Occident européen, 25 février 1848, une feuille volante.

Le fondateur de la société positiviste à quiconque désire s'y incorporer, 8 mars 1848, une feuille volante.

Discours sur l'ensemble du positivisme, juillet 1848, 1 vol. in-8, réimprimé dans le premier volume du *Système de politique positive*.

Calendrier positiviste, 1849 à 1860, huit éditions, une brochure, reproduit dans la *Politique positive*, t. IV, p. 402.

Discours prononcé aux funérailles de Blainville, 7 mai 1850, une brochure ; réimprimé dans la *Politique positive*, t. I, p. 737.

Système de politique positive, ou Traité de sociologie instituant la religion de l'humanité, 1851-1854, 4 vol. in-8.

Bibliothèque positiviste, 1851, brochure reproduite dans *La politique positive*, t. IV, p. 557.

Lettre à Sa Majesté le tzar Nicolas, décembre 1852, imprimée dans la *Politique positive,* t. III, p. xxix.

Catéchisme positiviste, ou Sommaire exposition de la religion universelle, octobre 1852, 1 vol. in-8.

Appel aux conservateurs, par le fondateur du positivisme, août 1855, in 8.

Synthèse subjective, ou Système universel des conceptions propres à l'état normal de l'humanité, t. I, contenant le *Système de logique positive* ou *Traité de philosophie mathématique,* novembre 1856, 1 vol. in-8.

Nota. — Mentionnons à titre complémentaire :

1° *Opuscules de Philosophie sociale* (1819-1828). Réimpression, Ernest Leroux, 1883.

L'édition comprend :

1er opuscule (juillet 1819) : *Séparation générale entre les opinions et les désirs.*

Deuxième opuscule (avril 1820) : *Sommaire appréciation de l'ensemble du passé moderne,*

Troisième opuscule (mai 1822) : *Plan des travaux scientifiques nécessaires pour réorganiser la société* (1).

Quatrième opuscule (novembre 1825). *Considérations philosophiques sur les sciences et les savants.*

Cinquième opuscule (mars 1826) : *Considérations sur le pouvoir spirituel.*

Sixième opuscule (août 1828) ; *Examen du traité de Broussais sur l'Irritation.*

2° *Lettres d'Auguste Comte à M. Valat* (1815-1844), Paris, Dunod, 1870.

3° *Lettres d'Auguste Comte à J. Stuart Mill,* 1841-1846, Paris, E. Leroux. 1877.

(1) Premier aperçu des lois sociologiques d'Auguste Comte.

4° *Lettres inédites de J. Stuart Mill à A. Comte* (avec les réponses de Comte) publiées et traduites par Lévy-Bruhl, Paris, Alcan, 1899.

5° *Testament d'Auguste Comte*, 2ᵉ édition (seule complète), Paris, fonds typ. de l'execut. test., novembre 1896.

6° *Auguste Comte méconnu, A. Comte conservateur*. Extrait de son œuvre finale, 1851-1857. Paris, H. Le Soudier, 1898.

7° *Lettres d'Auguste Comte à divers*, Paris, fonds typog. de l'exécut. test., 1902 et années suivantes.

TABLE DES MATIÈRES

Appendice

ACHEVÉ D'IMPRIMER

le vingt-huit février mil neuf cent dix

PAR

BUSSIÈRE

A SAINT-AMAND (CHER)

pour le compte

de

A. MESSEIN

éditeur

19, QUAI SAINT-MICHEL, 19

PARIS (Ve)